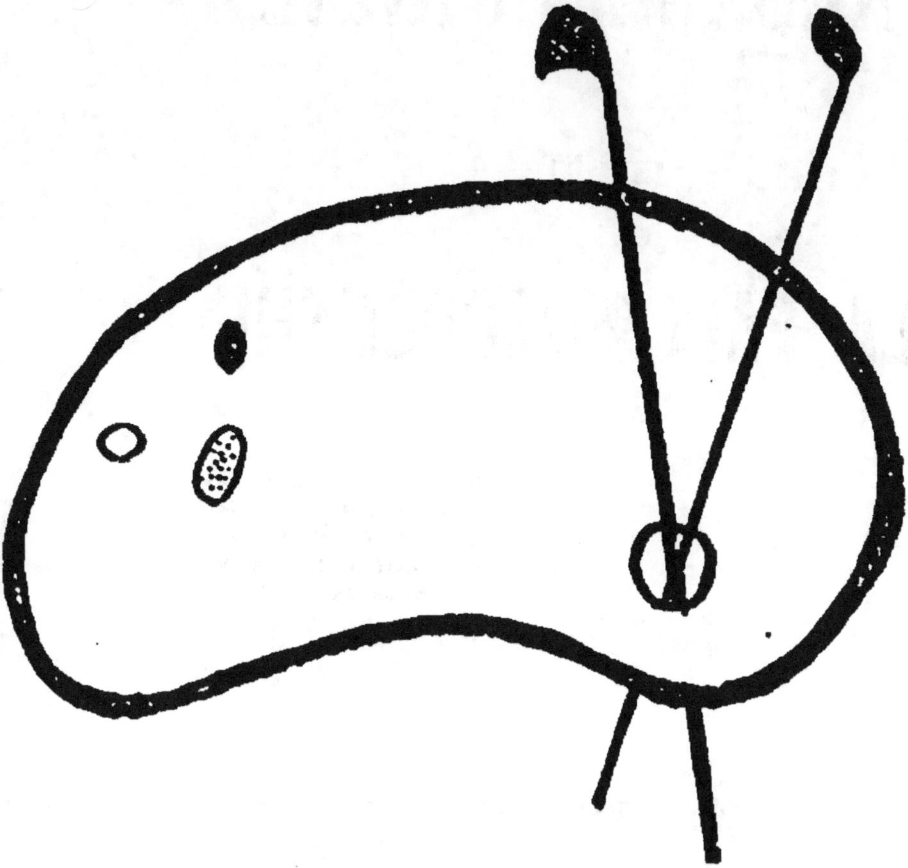

DEBUT D'UNE SERIE DE DOCUMENTS
EN COULEUR

L'ALSACE-LORRAINE

ET

LA PAIX EUROPÉENNE

NIORT

IMPRIMERIE A. BOUREAU

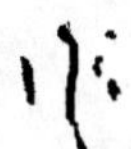

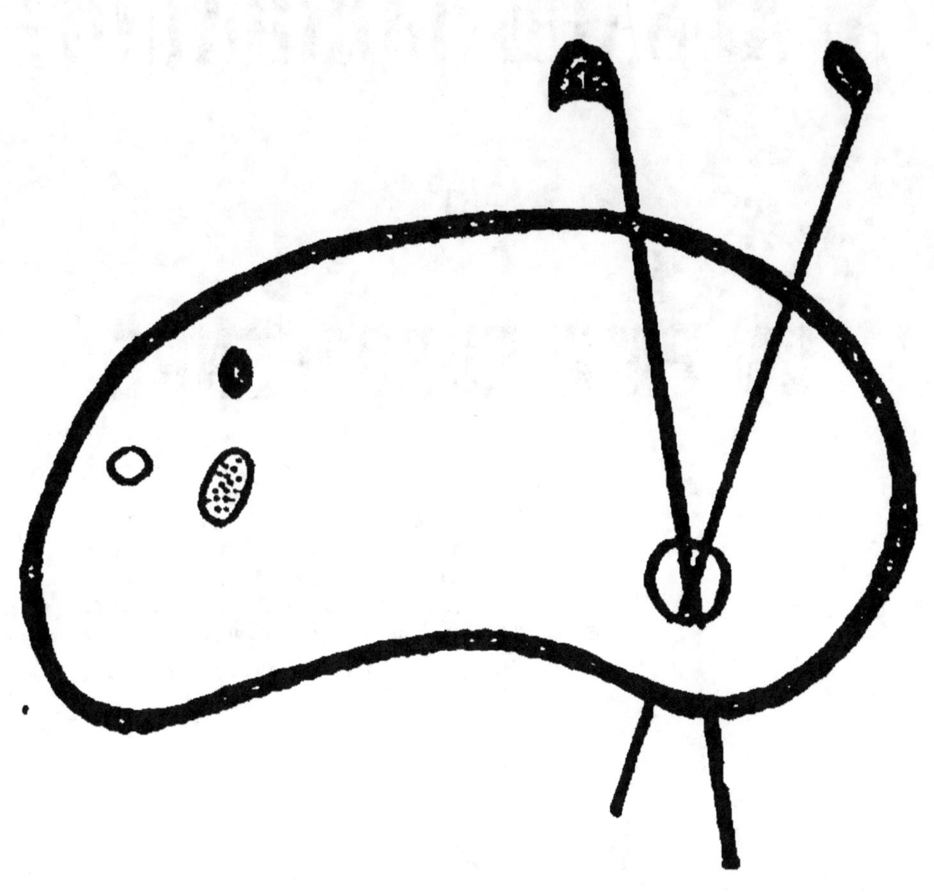

FIN D'UNE SERIE DE DOCUMENTS
EN COULEUR

L'ALSACE-LORRAINE

ET

LA PAIX EUROPÉENNE

Se peut-il rien de plus plaisant qu'un homme ait le droit de me tuer parce qu'il demeure au-delà de l'eau et que son prince se querelle avec le mien, quoique je n'en aie aucune avec lui ?

(PASCAL. *Pensées*, p. 60).

NIORT

IMPRIMERIE A. BOUREAU

L'ALSACE-LORRAINE

ET

LA PAIX EUROPÉENNE

A M. Lucien Le Foyer

« La guerre est sainte, d'institution divine ; c'est une des lois sacrées du monde ; elle entretient chez les hommes tous les grands, tous les nobles sentiments : l'honneur, le désintéressement, le courage, la vertu, et les empêche, en un mot, de tomber dans le plus hideux matérialisme. »

Rassurez-vous, ce n'est pas moi qui parle ; je ne fais que citer les mémorables paroles que prononça certain jour M. de Moltke en réponse aux délégués de la paix. Ce dilettante du carnage, ce massacreur de génie, a nécessairement de la guerre et de son corollaire inévitable, la paix armée, l'opinion que doivent avoir les autocrates et tous les partisans des régimes absolus, dans lesquels le sabre seul peut dominer l'esprit, et où, sous couleur de patriotisme, l'armée sert surtout à maintenir l'intégrité des tradi tions séculaires, en réprimant les revendications populaires.

Dans une démocratie, il est permis de penser tout autrement, et je ne crois pas, qu'ici en particulier, il y ait un seul membre de cette Assemblée auquel il soit nécessaire de démontrer l'horreur de la guerre. Les sanglantes boucheries de la guerre russo-japonaise sont encore trop présentes à nos esprits épouvantés par la sauvagerie de la bête humaine.

Sur ce point, je présume donc que nous sommes tous d'accord, et que le même idéal pacifique nous anime. Est-ce à dire que ce sentiment soit incompatible avec le patriotisme, comme les partis de réaction l'ont reproché cent fois aux Associations universelles, comme le socialisme ou la franc-maçonnerie, mais dans lesquelles ils négligeaient, comme par mégarde, de comprendre l'Internationale noire.

Ce n'est pas ici qu'il faut défendre les pacifistes contre les accusations ridicules dont les gens de bonne foi ont depuis longtemps fait justice, et je n'y fais allusion que pour être amené à vous exposer les conditions d'entente de ces deux sentiments qui paraissent à première vue incompatibles et qui ne peuvent vivre qu'étroitement liés l'un à l'autre : humanitarisme et patriotisme.

Déclarer qu'on ne peut être patriote en aimant l'humanité entière, ce serait prétendre qu'on ne peut aimer sa famille en restant patriote, car le pays est à la famille ce que l'humanité est à la patrie.

Mais il y a deux sortes de patriotismes que j'appellerai volontiers, l'un négatif, l'autre positif. Le premier consiste à haïr les hommes qui ne sont pas de notre pays, le second, à les aimer tous en aimant davantage nos compatriotes. C'est à ce dernier que je me rallie plus volontiers, car il n'est qu'une variété de l'amour de l'Humanité. C'est à celui-là aussi que Lamartine a songé quand il a prononcé les paroles suivantes :

« Il y a deux patriotismes. Il y en a un qui se compose de toutes les haines, de tous les préjugés, de toutes les grossières antipathies que les peuples nourrissent les uns contre les autres. Je déteste bien, je méprise bien, je hais bien les nations rivales

et voisines de la mienne : Donc, je suis bien patriote !
Voilà l'axiome brutal de certains hommes d'aujour-
d'hui. Vous voyez que le patriotisme coûte peu : il
suffit d'injurier et de haïr.

« Il en est un autre qui se compose, au contraire, de
toutes les vérités, de toutes les facultés, de tous les
droits que les peuples ont en commun et qui,
en chérissant avant tout sa propre patrie, laisse
déborder ses sympathies au delà des races, des
langues, des frontières... Ce fut celui des hommes
de 89... qui nous montrèrent comment ceux qui
osaient aimer les hommes savaient mourir pour la
patrie. » (1).

C'est ainsi en effet que je comprends le patriotisme. L'autre, celui des nationalistes, est de nature
à pousser aux pires révoltes, c'est celui qui a fait
dire à Bakounine : « Le patriotisme n'est que l'intérêt solidaire d'une classe privilégiée ». En temps de
paix, ses conséquences sont odieuses ; c'est le militarisme avec tout son hideux cortège d'injustices,
d'abrutissement, de tortures physiques et morales
qui faisaient dire à Renan que « s'il lui avait fallu
être soldat, il aurait préféré déserter » (2), c'est le
régime de la paix armée qu'il maintient inexorable-
ment entre tous les peuples et qui serait, s'il devait
se prolonger longtemps, l'instrument certain de
leur ruine.

Le nôtre, qui consiste à chercher à s'élever au-
dessus des autres nations par la plus noble émulation, celle de la science et de la prospérité nationale,
nous paraît préférable. Écoutez Pasteur, un grand

---

(1) Discours sur l'abolition de l'esclavage (10 mars
1812).

(2) Ne pas oublier que Rochefort a émis la même
opinion... autrefois.

savant qui fut un patriote éclairé : « Invinciblement, dit-il, la science et la paix triompheront de l'ignorance et de la guerre, et les peuples s'entendront, non pour détruire, mais pour édifier. » — C'est qu'en effet, comme l'a dit Victor Hugo, la paix est la vertu des civilisations, la guerre en est le crime.

« Si mes soldats commençaient à penser, disait Frédéric II, aucun d'eux ne resterait dans le rang. » Il est certain qu'il n'y a pas d'armée qui résisterait à une minute de réflexion, si cette réflexion était *simultanée*. Malheureusement, nous avons encore à attendre longtemps avant que le sentiment de l'injustice de la guerre se fasse jour simultanément dans tous les cerveaux. Pendant la période de transition que nous traversons, nous ne pouvons mieux faire que de rappeler ces paroles d'adieu d'un général à ses troupes : « Tenez toujours vos yeux fixés sur la frontière, non pour y jeter des regards de défi, mais avec la confiance de la force et le calme qui impose le respect. » (1).

C'est qu'elle rappelle des souvenirs bien tristes, cette frontière de l'Est, il n'y a pas à se le dissimuler, et il faudrait n'avoir rien lu de l'affreuse guerre qui a mutilé injustement notre pays pour ne pas comprendre le sentiment d'amertume et de révolte de ceux qui ont traversé ces heures douloureuses. La génération actuelle à laquelle j'appartiens ne les a pas connues, mais elle s'en rend néanmoins compte.

Un écrivain moderne de talent, pour lequel je professe une profonde estime, car il est de ceux qui ont brisé leur situation pour défendre la cause de la justice et de la vérité, M. Jean Reibrach, a prétendu que par la revendication stérile de l'Alsace-Lorraine, la France perdrait plus que de l'amputation de ces

---

(1) Ordre du jour de départ du général Dessirier.

deux provinces ; qu'après avoir été à la tête de la civilisation elle serait l'obstacle. « Si, au contraire, ajoute-t-il, elle cède devant un intérêt général plus noble que tous les intérêts particuliers, plus le sacrifice qu'elle fera à la cause de l'humanité sera cruel et douloureux, plus elle en sortira grandie, plus son rôle sera beau, dans cette Europe nouvelle, qu'aura créée, sinon comme je l'aurais voulu, son initiative, du moins son abnégation. »

C'est beaucoup demander et je ne partage pas cet avis ; j'estime — c'est un des points que j'aurai à développer tout à l'heure — que la France a un bien plus beau rôle à jouer par son initiative que par son abnégation. Je dis qu'en vertu d'un abominable principe : « la Force prime le Droit », la libre volonté de tout un peuple a été aliénée et qu'il y a là une injustice à réparer : reste à s'entendre sur les conditions de cette réparation.

Je ne saurais nier, cependant, en cherchant à faire très sincèrement la psychologie de ma conviction, qu'il y a dans la conception du patriotisme, que j'ai exposée plus haut, un fond d'atavisme dont il faut bien reconnaître l'influence ; cette hérédité partielle, contre laquelle le mouvement des idées nous pousse à réagir, est naturellement plus vive chez un peuple qui a subi une défaite encore récente et nous admettons fort bien que dans un avenir plus éloigné ou même actuellement chez des peuples moins éprouvés que nous, la conception du patriotisme soit absolument différente et même qu'elle s'efface complètement chez les hommes supérieurs que leur génie fait appartenir à l'humanité avant d'être à leur pays. Il me revient, à ce sujet, une lettre très curieuse d'Ibsen dont j'extrais ce passage :

« Nous ne pouvons plus nous tenir pour satisfaits d'être citoyen d'un État. Je crois que le sentiment national va s'éteignant et qu'il sera remplacé par l'idée de race. Dans tous les cas, cette évolution s'est opérée en moi. J'ai commencé par me considérer comme norvégien, ensuite j'ai acquis une âme scandinave, finalement je suis devenu germain ». (1)

Mais revenons à notre sujet. Pour résoudre cette question épineuse de l'Alsace-Lorraine, autour de laquelle pivote et gravite toute la politique européenne, on a proposé bien des solutions. Je retiendrai les deux principales. L'une a été esquissée par M. Jaurès à la séance de la Chambre des députés du 23 janvier 1903 ; voici comment s'exprimait le leader socialiste :

« Le jour où un pacte décisif de paix sera conclu entre les peuples européens, le jour où ils se seront donnés à eux-mêmes, par le désarmement *simultané*, vous m'entendez bien, un gage décisif de sécurité réciproque, ce jour là, tous les groupes humains, de la Finlande à l'Irlande, de la Pologne à l'Alsace, auront plus de force pour revendiquer leur affinité historique et morale. Ils ne se heurteront plus à la surveillance inquiète et jalouse des nations qui les ont incorporés violemment ; ils ne se heurteront plus à la domination des castes militaires ou des aristocraties oppressives ; ils ne seront plus exposés par le service militaire universel à devenir, dans des guerres impies, les instruments de leurs vainqueurs contre la patrie vaincue d'hier ; ils ne seront plus exposés à voir, dans leurs universités et dans leurs écoles, l'éducation de leurs fils systématiquement déformée par le conquérant qui s'approprie l'histoire et qui la défigure au profit de sa domination. Ainsi la libre et quotidienne communication se rétablira entre eux et tout le génie du peuple, dont

____

(1) Lettre d'Henrik Ibsen à Georges Brandès du 16 octobre 1896. (Publiée dans la *Revue de Paris* du 15 septembre 1901).

ils furent arbitrairement séparés, et sous des formes diverses et multiples, la substance même de la patrie leur sera restituée. »

« Solution idéaliste », s'est écrié M. Millevoye. « Naïveté, leurre, utopie, trahison ! » repart derrière lui tout le parti nationaliste ; et voici qu'à cette solution pacifique, on vient opposer l'invincible tradition de la paix armée, de la guerre chronique, inéluctable, de l'impossibilité d'éviter le retour des conflits, et le *Temps*, journal grave et sérieux, organe des partis bourgeois et modérés, commente de la sorte le discours de Jaurès :

« Si M. Jaurès croit vraiment que la Démocratie allemande, victorieuse par le socialisme, rendra la parole aux Alsaciens-Lorrains, nous lui laissons la responsabilité de ce rêve tellement vague, tellement lointain que ce n'est pas la peine de perdre du temps à le discuter... Il convient actuellement de tenir nos forces « au plus haut degré de tension » (cette formule doit devenir un axiome et un mot d'ordre) pour ne perdre aucune des chances de réparations que pourra nous offrir l'histoire ; il le faudrait, même si nous n'avions pas d'espoir en l'avenir, pour le seul souci de notre sécurité ». (1).

Ce sont donc ces deux solutions que nous allons examiner successivement, et, puisque nous sommes, j'espère, d'accord sur ce point que l'odieuse violation du droit des gens commise en 1871 doit être réparée, que les Alsaciens-Lorrains doivent être rendus à leur ancienne patrie, si tel est leur désir, nous allons étudier ensemble si le moyen à employer doit être la guerre, comme le prétendent les nationalistes, ou la paix comme l'affirment les socialistes et les pacifistes.

---

(1) Le *Temps*, 28 janvier 1903.

La solution indiquée par M. Jaurès est-elle vraiment idéaliste, et celle de M. Millevoye ne comporte-t-elle pas elle-même la plus cruelle des incertitudes ? Selon ce dernier, en effet, il faut attendre, épier et saisir *l'occasion favorable* de tomber sur l'Allemagne, profiter d'un *moment propice* pour lui reprendre *par la force* les provinces soustraites *par la violence.*

Mais serions-nous sûrs cette fois d'être les plus forts ? Et si nous étions battus ?

Admettons cependant l'hypothèse d'une victoire ; la question serait-elle résolue ? Non, elle ne serait que *transposée* ; qui aurait, en effet, la naïveté de croire que l'Allemagne apporterait à sa défaite plus de résignation que nous à la nôtre ? La revanche serait désirée par la rive droite du Rhin au lieu de l'être chez nous ; le *Gloria Victis* serait chanté en allemand au lieu de l'être en français ; et alors apparaît le vice fondamental de la thèse nationaliste qui peut se résumer ainsi : Attendons l'occasion ; quand (?) nous l'aurons trouvée, nous déclarerons la guerre, nous serons vainqueurs et l'Allemagne acceptant sa défaite d'un cœur léger, tout sera pour le mieux dans le meilleur des mondes. (1)

Examinons à présent les conséquences de la guerre. Nous ne vivons plus dans les temps héroïques, à l'époque des guerres de bravoure, courtes et glorieuses, Marathon ou Marignan. Nous sommes dans la période des nations armées et des mobilisations automatiques. Au lendemain de la déclaration de guerre franco-allemande, 5,135,000 hommes de la Triplice trouveront devant eux 5,335,000 hommes de

---

(1) Les développements qui suivent sont empruntés en grande partie au remarquable article publié par M. Novicour dans la *Revue* (ancienne *Revue des Revues),* des 1er et 15 mai 1903.

la double alliance, soit un choc de plus de 10 millions d'hommes. Songe-t-on aux catastrophes qui en résulteront. Un million, peut-être deux, de morts et de blessés, représentant 4 ou 5 millions d'êtres dans la douleur et la misère.

Abordons ensuite la question d'argent, si bien nommé le nerf de la guerre. La guerre anglo-boër a duré trois ans, et, pourtant, il n'y avait là en présence que 30,000 Boers contre 250,000 Anglais ; une guerre européenne où les forces seront sensiblement égales comportera une résistance toute autre ; il n'est pas téméraire de tabler sur une durée d'au moins deux ans.

Or, sait-on ce que coûterait une guerre européenne dans de pareilles conditions ? On en a fait le calcul. Les dépenses atteindraient 105,000,000 par jour ; soit, au bout de deux ans, *soixante-seize milliards.*

Où les prendra-t-on ? Qui les paiera ? Le vaincu, dit-on ? C'est à l'Allemagne (puisque nous sommes dans l'hypothèse de la victoire des armes françaises); c'est à l'Allemagne, affaiblie comme nous par une guerre longue et terrible qui aura épuisé à fond toute l'Europe, que l'on ira demander la part contributive des dépenses de la France ? (1)

C'est à peine si j'ose aborder maintenant l'hypothèse de notre défaite. Dans ce cas, non seulement nous n'aurions pas recouvré l'Alsace, mais nous aurions achevé de perdre la Lorraine et nous aurions vraisemblablement perdu la Champagne, et il faudrait recommencer notre organisation pour recouvrer cette fois, non plus deux, mais trois provinces, après un épuisement national atroce qu'il est inutile de développer. Je laisse la chose à

---

(1) En l'espèce, *dix-huit milliards.*

méditer à ceux qui se plaignent de l'augmentation croissante des impôts.

Les nationalistes ne fixent d'ailleurs pas l'époque à laquelle doit naître cette occasion favorable. Ils ont confiance et ils prétendent qu'il faut attendre. Combien de temps ? Nous l'ignorons, mais cela peut-être très long ; et pendant cette période d'attente, qui nous dit que l'Allemagne, consciente enfin de ses véritables intérêts, ne cherchera pas à rallier les Alsaciens en leur donnant une plus grande autonomie ? (1) Dans ce cas, nous aurions fait la guerre pour forcer les Alsaciens à redevenir Français, peut-être malgré eux. Et d'ailleurs ce moment opportun qu'il faut attendre, tous les peuples n'ont-ils pas cru le tenir lorsqu'ils ont déclaré la guerre ? Nous mêmes, en 1870, ne nous croyions nous pas prêts jusqu'au dernier bouton de guêtre ?

Il serait maintenant intéressant de voir si la solution par la guerre peut survenir à une époque plus rapprochée que la solution pacifique.

Or, nous savons tous que la guerre ne se fait plus aujourd'hui avec des mousquets et des arquebuses, mais avec des armes qui produisent des ravages effroyables à des distances prodigieuses. L'arsenal des engins de destruction a fait des progrès tels que l'on peut sans exagérer affirmer qu'on se tue sans se voir. Le soldat combat presque toujours couché. La guerre de tactique entre dans une période où, de l'avis de tous les militaires, l'attaque a un immense

---

(1) Le pangermanisme a fait son temps. Lire à ce propos un récent roman allemand de Clara Viebig : « *L'Armée endormie* ». La célèbre romancière y étudie les résultats désastreux de la politique bismarckienne en Pologne comme en Alsace et conclut à la faillite du pangermanisme.

désavantage sur la défense. Je n'en citerai, pour exemple, que l'impuissance des Russes à l'assaut de Plevna et les premiers échecs des Anglais au Transvaal.

Par suite, il serait certainement difficile de décider l'Allemagne à commettre cette faute de nous attaquer.

Mais où sont donc, dans les conditions actuelles de la politique européenne, les chances de voir se produire « l'occasion favorable » chère à la théorie nationaliste.

Un moment fort bien choisi serait celui où l'Allemagne, isolée, sans alliées, serait attaquée à la fois sur deux fronts par la France et la Russie. Mais si d'un côté, l'Autriche et l'Italie n'ont aucun intérêt à rester alliées de l'Allemagne (1) elles n'en ont pas davantage à s'allier contre elle avec la France et la Russie ; et d'autre part, il ne faudrait pas s'imaginer que la Russie déclarera la guerre à l'Allemagne, uniquement pour faire restituer l'Alsace-Lorraine à la France. M. Ribot à qui nous devons l'alliance franco-russe a déclaré lui-même qu'elle n'était pas conclue dans une pensée d'agression, et Billot écrivait l'année dernière : « L'alliance franco-russe n'est autre qu'un contrat d'assurance contre les risques auxquels le groupement des autres puissances exposait la France et la Russie. En dehors des termes du contrat, la liberté d'autrui des associés reste entière » (2).

Cette alliance est donc, ne l'oublions pas, défensive, non offensive, et c'est fort heureux.

- - -

(1) Ces deux pays ne sont, en somme, entrés dans la Triplice, que pour se garantir d'une attaque possible, l'un du côté de la Russie, l'autre, du côté de la France.

(2) Historique de l'alliance franco-russe (*Grande Revue* du 1er juillet 1903).

L'hypothèse de l'Allemagne attaquée seule entre deux feux ne paraît donc guère vraisemblable. Voyons alors le duel seul à seul avec la France.

Les nationalistes se rappelant la décadence de l'armée allemande après ses victoires sous Frédéric II espèrent qu'elle retombera dans une pareille somnolence et que l'armée française, restée au contraire active et vigoureuse, trouvera sans peine l'occasion favorable pour tomber sur elle et l'écraser.

C'est encore une illusion dont il faut revenir. Au point de vue de la quantité, rappelons-nous que la population allemande augmente chaque année de près d'un million d'individus, alors que la nôtre reste stationnaire ; qu'enfin la mobilisation s'effectuera là-bas automatiquement et d'une façon aussi précise que chez nous. Au point de vue de la qualité, l'armée n'est tombée dans la torpeur à la mort du grand Frédéric que parce que la France était, sous Louis XVI, fort pacifique. Si elle doit être toujours armée jusqu'aux dents, dans un état de tension perpétuelle, les Allemands ne seront pas assez simples pour laisser rouiller à plaisir leur instrument de combat.

On fait valoir une autre considération. On sait que les Bavarois n'aiment guère les Prussiens, et on pense pouvoir profiter de cette division quand ils viendront aux mains entre eux. Autre chimère ! il suffit de réfléchir pour voir que c'est le militarisme français qui cimente l'union allemande, donnant ainsi raison à la parole de Bismarck ; celui-ci avait bien prévu l'avenir quand il disait : « J'ai pris l'Alsace-Lorraine pour tenir les Allemands unis. »

On suppose alors que la Russie pourrait attaquer l'Allemagne pour son propre compte. C'est fatal, affirment les nationalistes qui ressassent les arguments connus sur l'antagonisme des races slave et germanique.

Mais cet antagonisme est-il réel ? Comment se fait-il alors que depuis un siècle et demi, il n'y ait pas eu de guerre entre les deux peuples ? Encore la guerre de 1758 était-elle causée par un caprice de l'impératrice Elisabeth. Et où apparaissent les causes de cet antagonisme forgé de toutes pièces pour les besoins de la cause ? L'Allemagne a-t-elle manifesté l'intention d'annexer la Bosnie, la Serbie, ou les pays voisins ? Certes, dans ce cas, la Russie pourrait être amenée à prendre parti. Mais jamais l'Allemagne ne songera à commettre une aussi lourde bévue que de s'annexer des peuples qui n'ont qu'un désir, celui de l'indépendance. Quant à la combinaison inverse, elle rentre dans le domaine de la fantaisie pure, et rien ne saurait la faire prévoir.

Reste Constantinople. On prétend que l'Allemagne n'en permettra jamais l'occupation par la Russie. Soit, admettons que la Russie occupe Constantinople, que l'Allemagne déclare la guerre à la Russie, et que nous profitions de l'occasion pour prendre l'Allemagne entre deux feux. Croyez-vous réellement que l'Allemagne lâcherait l'Alsace-Lorraine pour Constantinople, qu'elle n'abandonnerait pas au contraire cette dernière pour ne pas perdre les provinces qu'elle a conquises en 1870 ? Tout porte à croire que de deux maux elle choisirait le moindre. Mais rien ne prouve que la Russie veuille mettre la main sur Constantinople ; ce serait une lourde faute. Toutes ces raisons donnent en somme à penser que la paix, qui dure depuis 1763 entre l'Allemagne et la Russie, peut durer encore longtemps.

Telles sont, à peu près, je crois, résumées d'une façon malheureusement trop brève, les principales faces de la solution militariste. Nous nous demanderons alors de quel droit M. Millevoye vient nous dire que la solution pacifiste que nous allons exposer maintenant est lointaine, et que la sienne est plus proche, puisqu'il attend une occasion favorable qui doit se produire on ne sait quand !

— Nous avons déjà vu que la victoire de la France ne faisait que déplacer la question sans la résoudre. Nous prétendons qu'elle ne peut être résolue que par le triomphe des nouveaux principes, grâce auquel les Allemands reconnaîtront un jour aux Alsaciens-Lorrains le droit de désigner le pays de leur choix par voie de plébiscite.

Il va sans dire que cette proposition souleva tout d'abord de grands éclats de rire dans le camp nationaliste. On traita les pacifistes de rêveurs et d'idéologues. Laissons dire et continuons à raisonner. Nous répétons que la question ne peut être tranchée que par le triomphe d'un principe, parce qu'elle est une question de principe pour la France.

La France, qui a perdu en 1814 toutes les provinces acquises par la République et l'Empire, en a fait son deuil, et aujourd'hui il ne vient à l'idée de personne de revendiquer par exemple le Zuyder-Zee, la Dyle ou le Léman, parce que les Hollandais, les Belges, les Suisses sont et veulent rester indépendants. Mais nous revendiquons l'Alsace-Lorraine avec raison, n'admettant pas que nos compatriotes soient traités comme un vil bétail, et considérant les conquêtes militaires comme nulles et non avenues.

Les hobereaux allemands répondent : « La Force prime le Droit. » L'Alsace a été cédée par un acte diplomatique ; elle est à nous. — C'est donc une question de principe qui divise les deux pays et non pas la question de savoir à qui appartiennent les provinces en litige.

Les nationalistes prétendent que jamais l'Allemagne n'admettra le principe de liberté. Ils paraissent avoir raison, mais en réalité, ils confondent l'Allemagne officielle avec l'Allemagne réelle et ils s'imaginent à tort qu'elle est toujours ce qu'elle était.

Sans doute, l'Empereur, sorte de gothique fourvoyé en plein monde moderne, est un souverain qui semble échappé du moyen-âge ; il retarde de mille ans au moins sur nous ; mais les hommes se transforment ; Bismarck lui-même a évolué. En 1849, il était contre toute constitution ; en 1862, il admettait déjà le principe de la représentation populaire. Malgré son orgueil effréné, Guillaume II peut abandonner ses idées archaïques quand il aura vu qu'elles sont contraires à l'intérêt de son pays. Puis l'empereur n'est pas le seul maître ; il l'est de moins en moins ; enfin il est mortel.

D'un autre côté, la Constitution peut changer. Nous sommes autorisés à le croire. Si l'on jette les yeux sur les résultats des dernières élections au Reichstag, on arrive en additionnant les voix des socialistes, des libéraux, des Polonais, de l'Union libérale, des démocrates, des Alsaciens-Lorrains, des Guelfes et des Danois, à un total de près de 3 millions et demi.

En opposition il faut mettre les conservateurs, le parti de l'empire et les nationaux libéraux. Ces trois groupes réactionnaires n'arrivent pas à 3 millions. Les partisans du droit n'ont cependant pas la majorité au Parlement, parce que 102 députés du centre catholique votent avec les conservateurs. Mais la majorité de ces derniers se déplace et diminue de jour en jour et l'on peut prévoir le moment où elle changera de bord, la montée du socialisme allemand se faisant avec une régularité mathématique.

Le peuple allemand, qu'on le sache bien, se fatigue sans cesse davantage du militarisme ruineux et insolent et plus les hobereaux tournent le dos à la lumière, plus le peuple tourne le dos aux hobereaux. Le socialisme marche avec une vitesse effrayante et ses flots se trouveront nécessairement grossis par ceux des malheureux qu'on affame en ce moment avec les nouveaux tarifs douaniers. (1)

Aussi, à l'inverse des nationalistes qui attendent l'occasion favorable et s'endorment dans cette attente indéfinie, nous estimons qu'il y a mieux à faire que *d'y penser toujours et de n'en parler jamais*; nous pensons que l'adage : « Si tu veux la paix, prépare la guerre », emprunté à nos ancêtres barbares d'il y a trois mille ans, est odieux, grotesque et suranné, car il revient à dire : « Si tu veux éteindre le feu, verses y de l'huile » ; et qu'il ne peut que prolonger sans limite l'équivoque douloureux et le cercle vicieux de la paix armée.

Le moyen d'assurer la sécurité nationale, ce ne sont pas les armements, mais l'entente avec les voisins. Le coût des armements, qui se développent et se développeront sans cesse, nous maintient dans une misère qui entrave toute réforme utile et tout progrès social réel. Toute l'Europe en est là ; le militarisme est devenu une véritable anarchie internationale : il faut en sortir. Comment y arriver ?

Il y a un moyen, dont le promoteur est le comte Goluchovski, ministre des affaires étrangères d'Autriche-Hongrie : c'est l'union de la double et de la triple alliance, c'est-à-dire la substitution d'une quintuple alliance aux deux ligues existant actuellement en Europe ; elle serait formée pour se garantir mutuellement contre toute agression violente, ce qui pourrait efficacement aboutir *simultanément* à des désarmements *partiels* et *pro-*

---

(1) On lit à ce sujet dans la *Socialitsche Monats Helfe* de juillet 1903 (Berlin) un article de Bernstein qui, prévoyant les suites des élections qui ont été un triomphe pour la démocratie sociale, envisage le moment où un socialiste occupera le siège à la présidence du Reichstag.

gressifs. A ce moment, l'arbitrage obligatoire cesserait d'être un vain mot ; vous voyez d'ici les facilités commerciales qui en résulteraient, car il est certain que les prétendus antagonismes individuels s'effaceraient bientôt devant les intérêts communs : La France ne renoncerait pas pour cela à reprendre l'Alsace-Lorraine, mais seulement à la reprendre par la force ; elle pourrait inscrire tout au long ses réserves dans le traité.

Cette quintuple alliance, en laquelle j'espère de toutes mes forces, est déjà commencée. L'Allemagne et l'Autriche ont des intérêts particuliers avec la Russie ; la France avec l'Angleterre et l'Italie. Il est donc permis de considérer comme très possible sa réalisation complète. Quelle est la puissance qui n'aurait tout à y gagner ? Pour ne nous occuper que de celles qui nous intéressent le plus particulièrement, l'Allemagne serait débarrassée de la crainte d'une attaque sur un ou deux fronts. Cela la libérerait des appréhensions qu'elle peut éprouver sur la durée de la triplice ; celle-ci n'est pas éternelle ; vous savez combien les libéraux italiens y sont hostiles.

Les mêmes avantages en résulteraient pour nous, qui n'avons aucune certitude sur le renouvellement de l'alliance franco-russe. Il est à présumer que l'Angleterre trouverait elle aussi son compte à entrer dans la combinaison. Quant aux avantages économiques, ils crèvent les yeux. C'est pour l'Europe une économie annuelle de 15 milliards, qui se chiffrerait par une diminution appréciable d'impôts, par l'accroissement des travaux publics, par l'organisation des caisses de retraites. A cette entente européenne correspondrait la suppression des entraves douanières ; l'abolition du système protecteur dont nous souffrons plus que tout autre pays. C'est le Zollverein européen qui donnerait à la France toute son élasticité économique. Enfin, la réduction d'abord, la suppression plus tard, du service militaire. (1)

Quand nous aurons joui pendant quelques années de cette prospérité, l'idée de rétablir l'ancienne anarchie paraîtra aussi monstrueuse que le semblerait aujourd'hui le rétablissement de la torture. La mentalité des peuples suivra les évènements, et le moment propice arrivera où les députés d'Alsace-Lorraine proposeront l'idée du plébiscite. Peut-être leur proposition sera-t-elle repoussée tout d'abord. Ils ne se décourageront pas et reviendront à la charge. Il est permis d'espérer qu'ils arriveront à obtenir gain de cause.

Et maintenant, à qui incombe l'initiative de former cette gigantesque et féconde alliance ? Ah ! quand il s'agit d'attacher le grelot, toutes les nations — passez-moi le mot — se défilent. M. Zanardelli déclarait l'année dernière à la Chambre italienne qu'il était partisan du désarmement, mais que ce n'était pas à son pays de donner l'exemple. Pourquoi ? C'est un cercle vicieux dont il est difficile de sortir. Je prétends pour moi que c'est à la France à commencer. Et comprenez bien ce que j'entends par là. Je ne veux pas dire que la France doit donner l'exemple du désarmement. Ce serait un crime stupide et on me servirait trop facilement l'argument du hérisson qui s'étant débarrassé de ses piquants fut immédiatement croqué par un renard ; non, je veux dire seulement que c'est à la France de *prendre l'initiative d'une proposition de désarmement simultané.*

---

(1) Ainsi se trouverait réalisé le vœu exprimé par M. Jules Lemaitre, dans le *Figaro* du 14 mai 1897, où il ne souhaitait rien moins que la suppression immédiate du budget de la guerre ! M. Jules Lemaitre n'était pas encore président de la « Patrie Française ».

La France est, en effet, la seule nation européenne qui ait des droits à faire valoir sur une portion de territoire étranger. Par ses revendications, dont nous avons reconnu la légitimité, elle est la cause du militarisme européen ; elle est, en quelque sorte, le trouble-fête de la paix et c'est ce qui lui crée, pour ainsi dire, l'obligation morale de prendre l'initiative d'une politique qui mettrait fin à cet état de choses.

Mais il y a des raisons plus sérieuses qui militent en faveur de l'intervention de la France. D'abord, c'est une république ; elle n'a pas de souverain dont les idées surannées soient inapplicables aux idées modernes. Les Français sont des citoyens et non des sujets ; elle est un pays où la forme du gouvernement est librement acceptée et, de par la nature même de ce gouvernement, elle devrait, pour rester conséquente avec elle-même, renoncer à son vœu, si les Alsaciens se déclaraient pour l'Allemagne, et cela lui confère une indépendance qui constituerait pour les autres nations une précieuse garantie.

Puis elle est la nation la plus affranchie de l'Europe, au point de vue intellectuel et social ; elle a toujours bataillé pour le triomphe des idées démocratiques et, là encore, elle serait à l'avant-garde du progrès. Certains vont même jusqu'à prétendre qu'elle sera la première nation à avoir un ministère socialiste. Elle a déjà eu un ministre à l'étiquette socialiste ; elle a un vice-président de Chambre socialiste, et son nouveau ministre de la guerre appartient au parti radical-socialiste. Un ministère socialiste ne bouleversera pas la société, mais il la sortira des vieilles ornières diplomatiques et protocolaires. C'est à lui qu'incombera de proposer l'alliance. L'Allemagne acceptera ou n'acceptera pas. Si elle accepte, l'union européenne sera un fait accompli ; si, au contraire, elle refuse, la France triomphera d'une autre façon. En effet, chaque peuple se déclare aujourd'hui pacifique et prétend n'être obligé de se tenir sur ses gardes que pour se défendre contre ses voisins belliqueux. Or, le premier ministre français qui osera proposer la quintuple alliance fera cesser cet équivoque enfantin. Quand l'Allemagne verra la France consentir à lui garantir sa sécurité — à charge de revanche — l'édifice du militarisme prussien s'écroulera comme un château de cartes. Le peuple verra que sa misère dépend non pas de son « ennemi traditionnel » mais de son propre gouvernement. Et la France triomphera en infligeant au militarisme prussien une défaite dont il est impossible de prévoir les conséquences !

Poussés dans leurs derniers retranchements, les nationalistes nous servent alors ce suprème argument : « Vous prêchez la diminution des contingents militaires, comme Jules Favre la proposait au Conseil législatif. Cela nous a mené à Sedan. Vous êtes donc des aveugles ou des traîtres ».

Il ne faut pas réfléchir longtemps pour voir que la quintuple alliance est juste le contre-pied de la politique du parti libéral avant 1870. A cette époque, la France n'avait aucune garantie, aucune alliance et la faute grossière de l'Empire a été de n'avoir prêts que 240,000 soldats quand l'Allemagne en avait 1,200,000. Si la France avait été aussi bien organisée que la Prusse, jamais Bismarck n'aurait songé à déchaîner la guerre. Mais précisément la quintuple alliance établira un tout autre ordre de choses, et la France n'y entrera qu'à la condition expresse que le désarmement soit SIMULTANÉ. Il y a loin de là à l'immolation de notre pays sur l'autel d'un humanitarisme ridicule qui ne profiterait qu'aux autres et qui n'a jamais existé que dans l'imagination de nos adversaires, qui trouvent très commode, pour discuter avec nous, de . ̈s prêter des arguments auxquels nous n'avons jamais songé.

On calomnie les socialistes français d'une façon

odieuse quand on les accuse de vouloir livrer la France pieds et poings liés à l'Allemagne. Comme leurs camarades d'Outre-Rhin, ils seraient prêts à combattre pour défendre leur pays en cas d'attaque, mais ils considèrent comme un devoir patriotique de chercher à supprimer la paix armée et ses abus. « Si tu veux la paix, prépare la paix ».

Ainsi que je le disais tout à l'heure, les alliances qui se multiplient actuellement permettent d'envisager avec une confiance qui s'affermit de plus en plus, la possibilité de l'union européenne. Déjà le rapprochement franco-italien qui vient de recevoir une si éclatante sanction à Paris, ces jours ci, et surtout l'entente cordiale avec l'Angleterre, grâce à laquelle des questions irritantes comme celles du Maroc, de Terre-Neuve, du Siam, de l'Egypte, des Nouvelles-Hébrides, sont résolues à la satisfaction de tous, constituent un pas immense d'accompli vers la justice internationale et permettent d'espérer que la diminution des armements et la fraternité des peuples, traitées naguère de conceptions visionnaires, deviendront des réalités tangibles avec lesquelles il faudra, à bref délai, compter plus qu'avec les effectifs. (1)

---

(1) Suivez les nouvelles orientations de la politique étrangère en France comme en Angleterre. Il y a six ans, la presse des deux pays abreuvait d'outrages le ministère Dupuy et le ministère Salisbury, coupables, l'un, de nous avoir infligé l'humiliation à Fachoda, l'autre, d'avoir laissé échapper l'occasion de nous écraser et de nous prendre nos meilleures colonies. Que les temps sont changés. Les Chambres des deux pays sont unanimes à approuver les termes du traité du 8 avril 1904 pour « le règlement amiable des questions qui divisaient les deux pays et d'où pouvait, en certaines conjonctures, sortir un conflit. » (Dépêche du 12 avril 1904 de M. Delcassé à tous les ambassadeurs européens).

Mais en dehors de conventions de peuple à peuple, il est un mouvement universel dont on ne peut soupçonner la force et la puissance, si on ne l'a quelque peu étudié. Jetez les yeux pendant quelques semaines sur les journaux pacifiques et sur les revues internationales ; vous serez stupéfaits du progrès de l'idée de paix dans le monde et cela dans toutes les nations civilisées, même chez celles que des événements récents sembleraient devoir faire ranger parmi les plus belliqueuses. Aussi les hommes qui veulent réellement s'éclairer et qu'anime le désir sincère de la vérité, commencent-ils à revenir de leurs préventions contre ce que beaucoup d'entre eux appelaient à l'origine l'utopie de l'arbitrage. Heureusement, les pacifistes ne se sont pas découragés ; ni l'insulte, ni les railleries ne les ont rebutés. Dieu sait pourtant si on les leur

---

En France, nous eûmes bien des irréductibles, tels que M. Archdeacon, anglophobe impénitent, qui se prononça contre tout rapprochement avec l'Angleterre. En revanche, quelques nationalistes, comme MM. Gauthier (de Clagny) et Lasies, plus soucieux des véritables intérêts de leur pays, votèrent pour.

De même, en Angleterre, lord Rosebery s'étant permis de critiquer publiquement l'accord franco-anglais, fut condamné par l'unanimité de la presse britannique. « La convention d'arbitrage, lui répondit John Burns, était indispensable à l'entente cordiale entre deux pays pour qui ce devrait être une honte de s'être combattus pendant quatre siècles ». (Voir la *Revue des Revues* du 15 septembre 1901).

Le traité est avantageux pour les deux pays ; MM. Balfour et Delcassé l'ont reconnu. « C'est un symptôme, dit le comte Percy, que nous sortons de la période pendant laquelle on considérait le succès d'une nation comme impliquant nécessairement un revers pour une autre nation ».

ménageait. A la première conférence de La Haye, les quolibets pleuvaient sur les délégués. Ce serait le renouvellement de la tour de Babel. Vous savez ce qui s'y est passé. Vous savez aussi (et nous pouvons en être heureux et fiers) que c'est la langue française qui fut adoptée, servant ainsi de trait d'union entre toutes les puissances, nouveau symptôme du rôle d'initiateur que doit jouer la France dans l'organisation de la paix de demain. « Si vous saviez, disait un pacifiste bien connu, combien il y a de peuples qui, moins libres que nous, sont attentifs à nos moindres initiatives, je vous assure que la France pourrait rendre un immense service à l'humanité, à la condition de rassembler toutes ses forces et de réclamer ce qui est bon, ce qui est humain, ce qui est patriotique au premier chef : Le travail de la justice dans la paix. » (1)

On commence aujourd'hui à s'apercevoir qu'on s'était trop hâté de crier à la faillite de l'arbitrage ; on s'aperçoit que ceux qui travaillent de la façon la plus patriotique à la solution de la question de l'Alsace-Lorraine ne sont pas ceux qui en parlent périodiquement avec des larmes dans la voix et qui bornent leurs aspirations à des pèlerinages annuels autour de statues qui n'en peuvent mais ; songez que la paix s'organise parmi les peuples, parmi les Parlements et parmi les représentants des gouvernements.

Parmi les peuples : il y a actuellement plus de 100 sociétés de la paix formant 400 groupes, qui ont eu déjà 18 congrès ; en dehors des réunions régulières et des congrès annuels, il a été créé, à Berne, un bureau international permanent ; — *parmi les Parlements* : il existe une Union interparlementaire

---

(1) Discours de M. d'Estournelles de Constant, nouveau sénateur de la Sarthe, à la fête de la Paix (18 mai 1901).

comprenant 700 membres de 19 Parlements divers qui ont tenu déjà 12 conférences interparlementaires. En France, M. d'Estournelles de Constant a créé le groupe parlementaire de l'arbitrage international. — *Parmi les représentants des gouvernements :* il y a la convention de La Haye qui a déjà, entre autres, réglé l'indemnité de la guerre de Chine et les violents incidents du Vénézuéla ; il y a le traité du 14 octobre 1903, de la France avec la Grande-Bretagne ; celui du 25 décembre 1903, de la France avec l'Italie ; celui du 26 février 1904, de la France avec l'Espagne ; le traité d'arbitrage permanent sans restriction entre la Hollande et le Danemark.

Enfin, les pacifistes viennent de remporter une éclatante victoire qui pourra compter dans l'histoire du tribunal de La Haye. Vous comprenez que je veux faire allusion à l'incident de Hull, qui eût pu conduire aux pires catastrophes. Deux fois, en 48 heures, la guerre sembla inévitable entre la Russie et l'Angleterre. Grâce à l'intervention habile et persuasive de la France, à laquelle la presse anglaise a rendu hommage, l'affaire a été portée devant le tribunal de La Haye. Cette solution paisible a été un coup pénible pour les matamores de la Patrie française qui durent renoncer du coup à faire croire qu'en gagnant l'amitié de l'Angleterre, la France avait perdu l'alliance de la Russie ; car vous savez, n'est-ce pas, que le patriotisme monopolisé par ces messieurs consiste principalement à chercher toutes sortes de bonnes et de mauvaises raisons, — de mauvaises surtout — pour discréditer notre pays et l'abaisser aux yeux de l'étranger. Passons ; nous avons mieux à faire qu'à nous arrêter aux divagations de gens qui ne parlent pas le même langage que nous.

La conférence de La Haye va avoir une autre tâche plus vaste, mais bien difficile à remplir et sur l'efficacité de laquelle il ne faut pas trop compter. En effet, la XIIᵉ conférence interparlementaire, sous la présidence du député américain Bartholds, et comprenant 226 membres des divers Parlements d'Europe, adoptait récemment la résolution suivante, proposée par le comte d'Alviella : (1)

« Vivement émue des horreurs de la guerre d'Extrême-Orient, l'Assemblée déplore l'abstention des puissances signataires de la convention de La Haye, laquelle prescrit l'offre de médiation au début des hostilités ; elle demande l'intervention des puissances et charge le bureau interparlementaire de faire les démarches nécessaires auprès de tous les gouvernements. »

À l'unanimité, il fut décidé que l'on s'adresserait au président Roosevelt. Des délégués furent envoyés à la Maison Blanche, et le président leur répondit : « Je demanderai probablement à d'autres nations de participer à un second congrès à La Haye. Comme vous-mêmes, je sens que nos efforts doivent tendre à faire aboutir l'œuvre commencée. »

M. Roosevelt a tenu parole. Sur son initiative, M. Hay, secrétaire du département d'État aux États-Unis, a provoqué une nouvelle conférence de La Haye. Je dois dire que je n'ai pas une confiance énorme en un résultat appréciable en ce qui concerne la médiation dans la guerre russo-japonaise ; tout au moins, la conférence sera-t-elle œuvre utile, en réglant, en dehors de l'incident de Hull, diverses questions intéressantes relatives aux droits et aux devoirs des neutres. Dans tous les cas, il n'en pourra résulter qu'une recrudescence de confiance mutuelle entre les divers pays.

L'étape la plus significative du mouvement pacifique, relativement à la question d'Alsace-Lorraine,

---

(1) Voir la *Revue des Revues* du 15 octobre 1901.

a été marquée par le congrès de Nîmes, dont les résolutions peuvent se résumer ainsi :

Les pacifistes ne cherchent pas à établir leurs droits sur les droits anciens, ils n'admettent pas de devoirs historiques. Ils écartent aussi la question irritante des origines et des responsabilités, l'Alsace-Lorraine ne pouvant supporter les fautes des gouvernements des deux pays. Par conséquent, pas de revanche armée. L'appel à la force reconnaît la force. Ne donnez pas aux jeunes le goût amer des vengeances, ou suivant l'expression de Victor Hugo, craignez « la sinistre répercussion des rancunes ». Méditons cette parole de Gambetta, qui fut inscrite sur le socle de son monument : « Les grandes réparations peuvent sortir du Droit. »

Puisque nous sommes résolus à en appeler au droit, il faut chercher où il est. Pour les peuples, comme pour les individus, l'homme dispose de lui-même. A qui appartient l'Alsace-Lorraine ? Aux Alsaciens-Lorrains. La France lui doit toutes ses sympathies puisqu'elle a servi de rançon à notre libération, mais elle ne doit pas la rendre française au nom de la force; et l'on rappela au congrès la protestation des députés d'Alsace-Lorraine du 17 février 1871, ne voulant pas être aliénés, et celle plus célèbre encore de Teutsch en février 1874.

Il faut donc absolument l'organisation du plébiscite pour régler cette question de nationalité. C'est ce que la France a fait pour Nice et la Savoie. Un jour viendra où l'arbitrage sera accessible à tous. Aujourd'hui la solution immédiate et pratique est celle ci : « L'initiative doit venir d'une entente des deux puissances qui examinera les conditions d'organisation du plébiscite.

La résolution du Congrès terminait par ces paroles :

« Cette gloire est sans doute promise au XXe

siècle de rapprocher enfin pour l'exemple et pour le bonheur du reste du monde deux grandes nations destinées à se compléter l'une par l'autre et à ne plus connaître d'autre rivalité que l'émulation du travail et de la science. »

Il n'est pas indifférent de savoir comment cette résolution a été accueillie en Allemagne où le mouvement pacifiste est beaucoup plus vif que nous le supposons. Je relève tout d'abord cette touchante dépêche adressée au Congrès par la Ligue franco-allemande :

« Envoie félicitations ; espère réconciliation ; promet concours fraternel. »

Il ne faut pas croire cependant que la presse et les sociétés pacifiques soient en Allemagne unanimement d'accord sur la solution proposée au Congrès de Nîmes. Certains organes officieux, comme la *Gazette de l'Allemagne du Nord*, ou la *Gazette de Voss*, estiment qu'un rapprochement franco-allemand n'est possible qu'en laissant, une fois pour toutes, l'Alsace-Lorraine de côté. D'autre part, nous ne pouvons enregistrer sans émotion l'appel de la Société allemande de la paix, disant cette année à l'occasion de l'anniversaire de Sedan : « La célébration d'une journée de bataille n'est pas digne d'une nation qui prétend marcher à la tête de la civilisation. Il est temps d'enseigner aux enfants les bienfaits de la paix. » (1)

Pour m'en tenir à la déclaration du Congrès de Nîmes, elle a été discutée d'une façon fort intéressante par deux pacifistes allemands d'une haute valeur, MM. Fried et Richter :

M. Alfred H. Fried reconnaît franchement qu'il y

---

(1) C'est en effet la première fois que dans plusieurs villes allemandes le souvenir de Sedan ne fut pas fêté.

a une question d'Alsace-Lorraine. Il préfère la reconnaître que de la nier en se retranchant derrière les canons et les forteresses comme bon nombre de ses compatriotes. Il pense que la paix européenne dépend de la réconciliation des deux pays. Mais il reste allemand avant tout ; il nie que la situation de l'Alsace-Lorraine soit un esclavage collectif de tout un peuple ; il nie aussi que le traité de Francfort ait violé un droit. « Nous ne voulons plus de droit de conquête, dit-il, mais à ce moment, il existait encore. Par suite, la déclaration du Congrès déduit ses conclusions d'un droit qui n'est pas établi. » Il ne voit le remède possible que dans la fédération européenne. (1)

Comme vous le voyez, avec des divergences de vues, nous revenons à la thèse de M. Goluchovski, à la quintuple alliance. N'est-il pas remarquable, malgré tout, que l'on puisse, par dessus les frontières, échanger des discussions aussi amicales pour hâter le dénouement tant désiré ? (2)

La réponse du docteur Adolphe Richter est à peu près analogue.

Pour le parti militaire, dit-il, la question d'Alsace-Lorraine est un prétexte à de nouveaux armements. Mais on a tort de considérer la question comme ouverte. Jusqu'à présent toutes les questions ont été tranchées par la violence qui a établi des droits. Les Français à notre place eussent agi comme nous ; nous n'avons fait que leur reprendre ce qu'ils nous avaient pris il y a deux siècles. Personne ne songe sérieusement que l'Allemagne puisse rendre actuellement l'Alsace-Lorraine. Jusqu'à nouvel ordre, c'est

---

(1) M. Alfred H. Fried. *Deutschland und Frankreich.*
(2) Voir la *Paix par le Droit* (n° 7 — juillet 1901).

de l'attitude de la France que dépend la situati . en Europe.

Il faudrait pourtant savoir combien de temps la majorité du peuple allemand mettra à reconnaître l'injustice qu'il y a à violer le droit.

Toutefois, il faut bie.. convenir que si la France renonçait à reprendre l'Alsace-Lorraine par les armes, la fédération européenne pourrait s'organiser de suite, et nous avons déjà vu les bienfaits qui en résulteraient au point de vue de la prospérité natio nale ; la méthode du droit par la paix ne laisserait donc subsister qu'un point malade, la plaie encore saignante de l'Alsace-Lorraine, et encore peut-être pas pour très longtemps, alors que par la méthode de la paix par le droit, il faudra supporter encore longtemps les souffrances de l'anarchie internatio nale.

Quoi qu'il en soit, les deux méthodes méritent d'être étudiées puisque dans chaque pays on les envisage avec une égale bienveillance. Les Allemands qui étaient autrefois absolument intransigeants sur l'article de la force brutale ont changé considéra blement ; je n'en veux pour preuve que la déclaration suivante approuvée à l'unanimité, le 26 mars dernier, par la Société allemande de la Paix réunie à Cassel :

« Ce que nous réclamons, c'est l'instauration du Droit par la Paix... Il s'agirait de faire des efforts pour qu'en vertu du principe du droit des peuples de disposer librement d'eux-mêmes, quand on aura conclu des traités d'arbitrage permanent, organisé l'état juridique entre les nations et admis les pratiques de l'arbitrage avec certaines garanties, le droit des Alsaciens de disposer d'eux-mêmes leur soit restitué ».

Ces nobles paroles permettent d'espérer que la solution pacifique saura s'imposer à la patrie de la

Déclaration des Droits de l'Homme et à la patrie d'Emmanuel Kant. Pour moi, mon opinion est que l'instauration de la paix par le droit doit être l'objectif, mais que la méthode à employer doit être le droit par la paix.

Je ne voudrais pas quitter mon sujet sans insister encore sur l'état d'esprit de l'Allemagne touchant la question militaire ; l'opinion du monde intellectuel se reflète fidèlement dans sa littérature, et rien n'est plus intéressant que de voir l'opinion des hommes de lettres qui osent aborder la question. Je ne vous parlerai pas du roman de Bilse : « Petite Garnison Allemande », que vous connaissez tous et qui, malgré la vérité cruelle de certains portraits n'a guère eu qu'un succès de scandale. L'armée allemande a été dépeinte avec plus de soin et moins d'exagération dans d'autres œuvres plus sérieuses parmi lesquelles il faut surtout citer : « Iéna ou Sedan », de Beyerlein.

Ce livre dont le retentissement a été considérable est une œuvre de synthèse et non d'analyse. L'auteur y étudie longuement les transformations que l'hégémonie prussienne a fait subir à l'armée allemande. Il se demande si, en cas de guerre, l'Allemagne courrait à un nouveau Sedan ou à un nouvel Iéna et il craint fort d'aller à un nouvel Iéna.

Beyerlein étudie successivement l'esprit du soldat, du sous-officier et de l'officier, et ses conclusions manquent d'enthousiasme. Le soldat est dégoûté du métier qu'on lui fait faire. Les idées socialistes pénètrent peu à peu dans l'armée qui devient l'école révolutionnaire par excellence. Le sous-officier, lui, n'est pas révolutionnaire. L'auteur en trace un portrait peu flatté. Il a l'esprit étroit et suranné, peu digne de son autorité. C'est la base chancelante de cet édifice militaire vermoulu. Quant à l'officier, il est sain et honnête. Ses tendances belliqueuses sont atténuées par trente années de paix. Alors il réfléchit.

Il n'a plus de haine contre l'ennemi héréditaire. Les victoires de 1870 ont guéri ses blessures d'amour-propre. Sa haine subsiste seule contre l'Angleterre, mais une guerre avec ce pays mettant surtout en jeu l'élément maritime, il reste assez indifférent.

En somme, l'Allemagne se désintéresse peu à peu des choses militaires. Elle s'endort sur ses lauriers, dans le laisser-aller et l'incurie.

Il ne faut pas prendre au pied de la lettre le portrait de l'officier tel que le présente Beyerlein (1), car un autre écrivain allemand, le baron von Schlicht qui a étudié l'évolution de la noblesse et son adaptation aux exigences de la vie moderne, fait une distinction entre les officiers sortis du peuple et ceux qui appartiennent à l'aristocratie. « La premiere caste » nous montre les malheurs d'un officier bourgeois au milieu de hobereaux. L'auteur critique violemment l'orgueil indéracinable des nobles qui ne peuvent et ne doivent être qu'officiers et que déshonore le travail ; il fait un tableau saisissant de l'immoralité de leur vie, s'écoulant entièrement dans les dettes, l'ivrognerie et la débauche crapuleuse.

Iéna ou Sedan, si la question devait être dénouée, espérons que ce serait le plus tard possible. Espérons plutôt, comme l'expose M. Théodore Ruyssen dans sa remarquable étude : « Ni Iéna ni Sedan » (2) que l'alternative ne se produira pas. La question ne doit pas se poser, car nous avons foi en une autre réparation.

Le temps passe et je suis obligé d'abréger considérablement. J'aurais voulu pourtant vous montrer le progrès immense que suit dans le monde entier,

---

(1) Voir la *Revue des Revues* des 15 mars et 15 juillet 1901.

(2) La Paix par le Droit. (Mai 1901).

parallèlement à la marche du socialisme, l'idée de paix. En Russie notamment, où les théories de Tolstoï et le sang des martyrs anime toute une génération nouvelle, surtout parmi les intellectuels, chez qui la répression n'a fait qu'aviver le prosélytisme (1) ; au Japon même, où précisément, au moment de la déclaration de guerre, le Docteur Oukhomorou fondait, avec ses amis socialistes Kotokou et Sikaï, un journal pour la propagation des idées pacifiques ; où, à la même époque, Kurowa-Schuroku, dans une étude sur le sentiment d'humanité, écrit « qu'il a confiance dans l'avenir de plus en plus décisif des sentiments humanitaires » (2) ; où une des principales revues (3) s'élève contre les démonstrations chauvines de certains professeurs, « d'autant plus ridicules qu'elles s'adressent à des enfants dont ils risquent d'affoler l'intelligence par des peintures belliqueuses », partout, les deux idées montent rapidement en se donnant la main, comme le firent, au congrès socialiste international d'Amsterdam, Katayama et Plekhoff, les deux délégués de la Russie et du Japon, oubliant, devant l'idéal international de la paix mondiale, les dissentiments qui faisait en ce moment couler le meilleur du sang de leurs compatriotes !

Je m'arrête là, m'excusant d'avoir déjà abusé de votre attention ; je serais heureux si j'avais pu réussir à faire pénétrer dans vos esprits ma conviction, qu'il est d'autres moyens que la force brutale pour nous faire rendre justice, et que la paix universelle est autre chose qu'un beau rêve, si on

---

(1) Lire à ce sujet l'étude de M. Paul Louis, dans la *Revue politique et littéraire* du 22 octobre 1901.

(2) Revue japonaise *Chuo-Koron* de février 1901.

(3) Revue japonaise *Kyoi-Ku-Koi* de juillet 1901.

veut fermement le faire entrer dans le domaine des réalités. Le jour où ce sera un phénomène accompli, on aura peine à concevoir qu'il a pu exister un autre état de choses dans les siècles de barbarie dont nous secouons les dernières entraves, et l'esprit humain s'y accoutumera bien vite. Schopenhaner a dit qu'un instant de triomphe sépare seul le long espace de temps où la vérité fut traitée de paradoxe, de celui où elle est rabaissée au rang des banalités (1). Souhaitons de voir bientôt la paix tomber au rang de ces banalités, et permettez-moi, après avoir commencé cette causerie par une parole de M. de Moltke, de terminer par un mot de Napoléon, autre tueur de génie ;

« Il n'y a que deux forces en ce monde : Le sabre et l'esprit. A la longue, le sabre est toujours vaincu par l'esprit ».

18 Novembre 1904.

---

(1) « Le monde comme volonté et comme représentation » (Préface de la 1re édition).

384

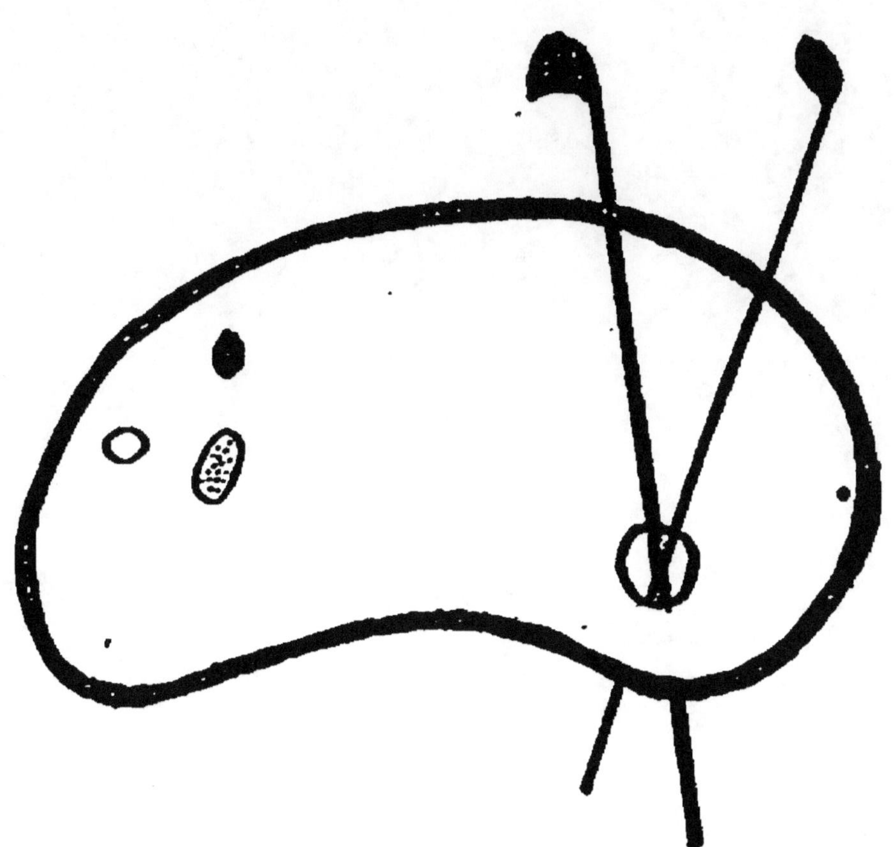

ORIGINAL EN COULEUR
NF Z 43-120-8